Mi jardín

Krysia Kij

I0806661

Traducción al español: José María Obregón

Rosen REAL READERS en español

Rosen Classroom Books & Materials
New York

Éste es mi jardín.

En mi jardín cultivo flores.

En mi jardín cultivo calabazas.

En mi jardín cultivo guisantes.

El sol ayuda a mi jardín a crecer.

La lluvia ayuda a mi jardín a crecer.

Palabras que debes saber

(las) calabazas

(las) flores

(los) guisantes

(el) jardín

(la) lluvia

(el) sol